LA COCINA DE HIERBAS FRESCAS

100 RECETAS SABROSAS Y CONSEJOS PARA COCINAR CON HIERBAS FRESCAS

Joan Soto

Reservados todos los derechos.

Descargo de responsabilidad

La información contenida en este libro electrónico está destinada a servir como una colección completa de estrategias sobre las que el autor de este libro electrónico ha investigado. Los resúmenes, estrategias, consejos y trucos son sólo recomendaciones del autor, y leer este libro electrónico no garantiza que los resultados reflejen exactamente los resultados del autor. El autor del libro electrónico ha hecho todos los esfuerzos razonables para proporcionar información actual y precisa a los lectores del libro electrónico. El autor y sus asociados no serán responsables de ningún error u omisión involuntaria que pueda encontrarse. El material del libro electrónico puede incluir información de terceros. Los materiales de terceros incluyen opiniones expresadas por sus propietarios. Como tal, el autor del libro electrónico no asume responsabilidad por ningún material u opiniones de terceros. Ya sea debido al progreso de Internet o a los cambios imprevistos en la política de la empresa y en las pautas de presentación editorial, lo que se declara como un hecho en el momento de escribir este artículo puede quedar obsoleto o inaplicable más adelante.

El libro electrónico tiene copyright © 2024 con todos los derechos reservados. Es ilegal redistribuir, copiar o crear trabajos derivados de este libro electrónico en su totalidad o en parte. Ninguna parte de este informe puede reproducirse ni retransmitirse de ninguna forma sin el permiso expreso por escrito y firmado del autor.

TABLA DE CONTENIDO

TABLA DE CONTENIDO..3

INTRODUCCIÓN..7

MEZCLAS DE HIERBAS...9

    1. Mezcla sin sal...10
    2. Condimento italiano..12
    3. Mezcla de jardín..14
    4. Hierbas de aves de corral..16
    5. Hierbas de pescado...18
    6. Frote De Pollo Picante...20
    7. Mezcla de especias para pastel de calabaza...................................22
    8. Coctelera de especias para desayuno..24
    9. Polvo de curry...26
    10. Mezcla de fajitas...28
    11. Especias de mariscos..30
    12. Ramo De Pollo...32
    13. Ramo De Carne...34
    14. Ramo De Pescado..36

ZUMOS Y BATIDOS DE HIERBAS..38

    15. Batido de fresas y macadamia...39
    16. Batido de bayas de goji y piñones..41
    17. Batido potenciador de grosella negra..43
    18. Batido de guindas y cacao crudo...45
    19. Batido de almendras y rosas...47
    20. Batido de pistacho y aguacate...49
    21. Batido de maca y mango..51
    22. Batido de ciruela e hinojo..53
    23. Batido energético de frutos rojos..55
    24. El deleite del excursionista de principios de otoño......................57
    25. Jugo de verduras de huerta...59

26. Jugo de pimiento rojo y semillas germinadas..................61
27. Jugo de jengibre e hinojo..................63
28. Jugo de brotes de hinojo y brócoli..................65
29. Hojas de trigo sarraceno y jugo de guisantes..................67
30. Jugo de salsa de tomate..................69
31. Jugo de hojas de alcachofa y hinojo..................71
32. Hojas de girasol y jugo de pasto de trigo..................73

TÉS DE HIERBAS..................75

33. Melisa y té de rosas..................76
34. Té de jazmín y limoncillo..................78
35. Té de bayas de goji y damiana..................80
36. Té de rosa mosqueta y arándano..................82
37. Té de crisantemo y flor de saúco..................84
38. Té de manzanilla e hinojo..................86
39. Té de diente de león y bardana..................88
40. Té de milenrama y caléndula..................90
41. Té de escutelaria y flor de naranja..................92
42. Té de moras y fresas silvestres..................94
43. Infusión de menta y caléndula..................96
44. Té de flor de espino y lavanda..................98
45. Té de ortiga y cuchillos..................100
46. Té de gordolobo y malvavisco..................102
47. Té de cola de caballo y seda de maíz..................104
48. Té helado de hierbas afrutadas..................106
49. Té de hierbas de frambuesa..................110
50. Té de cardamomo..................112
51. Té de sasafrás..................114
52. Té de moringa..................116
53. Té de salvia..................118

CORDIALES Y JARABE..................120

54. Cordial de moras y lima..................121
55. Cordial de saúco y flor de saúco..................123
56. Miel dulce de violeta y jengibre..................126
57. Puré de melisa y miel..................129

58. Jarabe de rosa mosqueta..131
59. Sirope de gordolobo y anís..133
60. Sirope de pétalos de rosa..135
61. Jarabe de cereza ácida..137
62. Sirope de equinácea y tomillo...139

TINTURAS DE HIERBAS...**142**

63. Tintura de menta y tomillo...143
64. Tintura de saúco y regaliz...145
65. Tintura de flor de tilo y baya de espino...148
66. Tintura de pasiflora y manzanilla...151
67. Tintura de baya casta y dang gui...154
68. Tintura de baya de Goji y ginseng siberiano.................................157
69. Tintura de trébol rojo y cuchillas...160
70. Tintura protectora de invierno de equinácea y saúco.................163
71. Tintura de diente de león y bardana...166
72. Tintura de corteza de calambre y valeriana.................................169
73. Tintura de cohosh negro y salvia...172
74. Tintura de hoja de abedul y raíz de ortiga....................................175

ALIMENTOS HERBARIOS..**178**

75. Pollo a las hierbas desmenuzado...179
76. Crema de pollo con hierbas..182
77. Pavo glaseado con albaricoque Dijon..184
78. Pollo y arroz sobre salsa de hierbas...187
79. Pollo en crema y hierbas...190
80. Pollo madeira sobre galletas..193
81. Sopa De Pollo Con Hierbas...195
82. Pollo con vino y hierbas..198
83. Ravioles de hierbas..200
84. Linguini con hierbas mixtas..203
85. Farfalle con salsa de hierbas..206
86. Fideos al huevo con ajo..208
87. Cappellini con espinacas y hierbas..210
88. Arroz a base de hierbas de Malasia...213
89. Cabello de ángel con salmón ahumado.......................................216

90. Bacalao con hierbas..219
91. Salmón escalfado frío...222
92. Filetes de eneldo...224
93. Pescado crujiente al horno y hierbas....................................226
94. Fetuccini con camarones..228
95. mejillones al ajillo..230
96. Pescado caribeño con vino...233
97. Rape con hierbas al ajillo..236
98. Chuletas de cerdo con hierbas...238
99. Salchicha de hierbas del monasterio...................................241
100. Filete de cordero con hierbas...243

CONCLUSIÓN..**245**

INTRODUCCIÓN

No existe una regla general sobre la cantidad de hierbas que se deben utilizar. La mayoría de recetas especifican una cantidad en la lista de ingredientes. Si no tiene una receta a seguir, comience con $\frac{1}{4}$ de cucharadita y agregue más según sea necesario para alcanzar su sabor ideal. No querrás que las hierbas dominen los otros sabores del plato.

Las hierbas secas son más fuertes que las frescas, por lo que necesitarás usar más hierbas frescas. Si la receta requiere 1 cucharadita de hierbas secas trituradas o $\frac{1}{4}$ de cucharadita de hierbas en polvo, use 3 cucharaditas (1 cucharada) de hierbas frescas. Las siguientes mezclas de hierbas secas son excelentes para probar con cualquier plato. Recuerde ajustar la cantidad cuando utilice hierbas frescas.

Hierbas comunes

A. **Albahaca:** productos de tomate (jugos, salsas para pasta, salsa para pizza), huevos, carnes de caza, cordero, ternera, arroz, espaguetis, vinagretas, sopas (minestrone, guisantes, patatas y verduras), frijoles, berenjenas.

B. **Tomillo:** huevos, carnes de caza, cordero, ternera, arroz, aves, salsa barbacoa, pescado, ostras, sopas, sopas (cebolla, tomate y verduras), champiñones, tomates.

C. **Romero:** albóndigas, huevos, carnes de caza, cordero, ternera, aves, pescado, salsa barbacoa, pollo, ternera, sopas (de guisantes y verduras), judías, champiñones, patatas, coliflor, nabos.

D. **Orégano:** platos con tomate, carne de res, carnes de caza, ternera, espaguetis, almejas, sopas (de frijoles, minestrone y tomate), frijoles, berenjenas y champiñones.

E. **Eneldo:** platos con tomate, panes con levadura, huevos, ensalada de col, ensalada de patatas, pescado, frijoles, coles de Bruselas, coliflor, pepino, calabaza de verano.

F. **Perejil** —Ensaladas, verduras, pastas

G. **Salvia** : requesón, carnes de caza, cerdo, arroz, aves, sopas (pollo, minestrone y verduras), rellenos.

H. **Cilantro:** cocina mexicana y asiática, arroz, salsa, tomates.

I. **Menta**— Postres, cordero, guisantes, ensaladas de frutas, salsas

MEZCLAS DE HIERBAS

1. Mezcla sin sal

rinde aproximadamente ⅓ de taza

Ingredientes

- 1 cucharada de mostaza en polvo
- 2 cucharaditas de perejil
- 2 cucharaditas de cebolla en polvo
- 2 cucharaditas de tomillo
- 1 cucharada de ajo en polvo
- 2 cucharaditas de eneldo
- 2 cucharaditas de ajedrea
- 2 cucharaditas de pimentón
- 2 cucharaditas de cáscara de limón

Instrucciones

a) Combine y almacene en un recipiente hermético.

b) Cuando esté listo para usar, mezcle una pequeña cantidad con agua para formar una pasta.

2. Condimento italiano

rinde aproximadamente 1½ tazas

Ingredientes
- ½ taza de orégano seco
- ½ taza de albahaca seca
- ½ taza de romero seco
- ¼ taza de perejil seco
- ½ taza de tomillo seco
- 1 cucharada de semillas de hinojo, trituradas
- ¼ taza de mejorana seca
- 2 cucharadas de salvia seca
- ¼ taza de orégano seco
- 1 cucharada de hojuelas de pimiento rojo picante
- ¼ taza de ajedrea seca

Instrucciones
a) Combine y almacene en un recipiente hermético.
b) Cuando esté listo para usar, mezcle una pequeña cantidad con agua para formar una pasta.

3. Mezcla de jardín

rinde aproximadamente 1¼ tazas

Ingredientes

- 2 cucharadas de hojas secas de lavanda
- 2 cucharadas de semillas o tallos de hinojo secos
- 3 cucharadas de perejil seco
- 3 cucharadas de albahaca seca
- 3 cucharadas de tomillo seco
- 3 cucharadas de mejorana seca
- 3 cucharadas de romero seco
- 3 cucharadas de cebollino seco
- 3 cucharadas de pimentón
- ½ cucharadita de ajo en polvo

Instrucciones

a) Combine y almacene en un recipiente hermético.

b) Cuando esté listo para usar, mezcle una pequeña cantidad con agua para formar una pasta.

4. Hierbas de aves de corral

rinde aproximadamente ⅓ de taza

Ingredientes

- 2 cucharadas de estragón seco
- 1 cucharada de mejorana seca
- 1 cucharada de albahaca seca
- 1 cucharada de romero seco
- 1 cucharadita de pimentón
- 1 cucharadita de apio seco

Instrucciones

a) Combine y almacene en un recipiente hermético.

b) Cuando esté listo para usar, mezcle una pequeña cantidad con agua para formar una pasta.

5. Hierbas de pescado

rinde aproximadamente ½ taza

Ingredientes

- 3 cucharadas de eneldo seco
- 2 cucharadas de albahaca seca
- 1 cucharada de estragón seco
- 1 cucharada de tomillo limón seco
- 1 cucharada de perejil seco
- 1 cucharada de perifollo seco
- 1 cucharada de cebollino seco

Instrucciones

a) Combine y almacene en un recipiente hermético.

b) Cuando esté listo para usar, mezcle una pequeña cantidad con agua para formar una pasta.

6. Frote De Pollo Picante

Ingredientes

- 2 cucharaditas de chile en polvo
- 1 cucharadita de orégano molido
- 1 cucharadita de hojas de cilantro, secas y desmenuzadas
- 1/2 a 1 cucharadita de pimienta de cayena
- 1 cucharadita de ajo en polvo
- 1/2 cucharadita de pimienta negra recién molida
- 1/2 cucharadita de jengibre molido
- 1/2 cucharadita de comino molido

Instrucciones

c) Combine y almacene en un recipiente hermético.

d) Cuando esté listo para usar, mezcle una pequeña cantidad con agua para formar una pasta.

7. Mezcla de especias para pastel de calabaza

Ingredientes

- 1/3 taza de canela
- 1 cucharada de jengibre molido
- 1 cucharada de nuez moscada o macis
- 1 1/2 cucharaditas de clavo molido
- 1 1/2 cucharaditas de pimienta de Jamaica

Instrucciones

a) Combine y almacene en un recipiente hermético.

b) Agrega de 1 a 11/2 cucharaditas de esta mezcla al relleno del pastel de calabaza.

8. Coctelera de especias para desayuno

Ingredientes

- 1 taza de azúcar
- 3 cucharadas de canela
- 1 cucharadita de nuez moscada o macis
- 1 cucharadita de cardamomo

Instrucciones

a) Combine y almacene en un recipiente hermético.

b) Espolvorea sobre panqueques, tostadas o avena.

9. Polvo de curry

Ingredientes

- 4 cucharadas de cilantro molido
- 3 cucharadas de cúrcuma molida
- 2 cucharadas de comino molido
- 1 cucharada de pimienta negra recién molida
- 1 cucharada de jengibre molido
- 1 cucharadita de semillas de hinojo molidas
- 1 cucharadita de chile en polvo
- 1/2 cucharadita de pimienta de cayena

Instrucciones

a) Combine y almacene en un recipiente hermético.
b) Agréguelo a la ensalada de pollo o huevo o al arroz, o úselo para hacer curry de carne o verduras.

10. Mezcla de fajitas

Ingredientes

- 4 cucharadas de chile en polvo
- 2 cucharadas de comino molido
- 2 cucharaditas de orégano molido
- 2 cucharaditas de sal de ajo

Instrucciones

a) Combine y almacene en un recipiente hermético.

b) Espolvoréelo sobre la carne de fajita o revuélvalo con pastel de carne o hamburguesas para darle un toque picante.

11. Especias de mariscos

Ingredientes

- 2 cucharadas de pimienta de Jamaica
- 2 cucharadas de sal de apio
- 2 cucharadas de mostaza molida
- 1 cucharada de jengibre molido
- 1 cucharada de pimentón
- 3/4 cucharadita de pimienta de cayena

Instrucciones

a) Combine y almacene en un recipiente hermético.

b) Agréguelo a ensaladas y sopas de mariscos, o espolvoree sobre filetes de pescado.

12.	Ramo De Pollo

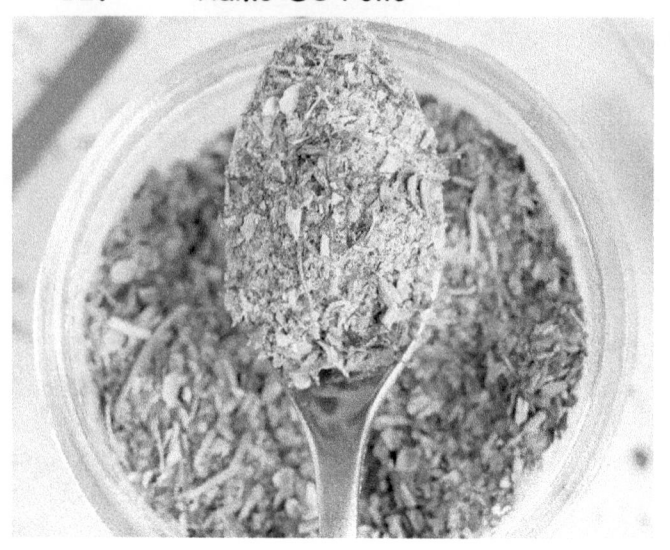

Ingredientes

- 1 hoja de laurel
- 1 cucharada de estragón
- 1 cucharada de perejil
- 1 cucharadita de romero
- 1 cucharadita de tomillo

Instrucciones

a) Combine y almacene en un recipiente hermético.

13. Ramo De Carne

Ingredientes

- 1 cucharadita de granos de pimienta negra
- 2 dientes enteros
- 1 hoja de laurel rota
- 2 cucharaditas de tomillo
- 2 cucharaditas de mejorana
- 2 cucharaditas de ajedrea
- 1 cucharada de perejil
- 1/2 cucharadita de hojas de apio machacadas

Instrucciones

a) Combine y almacene en un recipiente hermético.

14. Ramo De Pescado

Ingredientes

- 1 hoja de laurel
- 2 granos de pimienta negra
- 1 cucharadita de tomillo
- 1 cucharadita de hinojo
- 1 cucharadita de hojas de apio trituradas
- 1 cucharada de perejil

Instrucciones

a) Combine y almacene en un recipiente hermético.

ZUMOS Y BATIDOS DE HIERBAS

15.   Batido de fresas y macadamia

Rinde 4 porciones

Ingredientes

- 1/2 vaina de vainilla
- 50 g (1 ¾ oz) de nueces de macadamia crudas
- pulpa de 1 coco joven mediano
- 250 g (9 oz) de fresas frescas
- un poco de jugo de coco (opcional)

Instrucciones

a) Corta la vaina de vainilla con un cuchillo afilado y luego raspa las semillas.

b) Coloca las nueces y la pulpa de coco en una licuadora o procesador de alimentos.

c) Agrega las fresas y las semillas de vainilla. Pulse todos los ingredientes para obtener una textura suave y sedosa. Si el batido te parece muy espeso, agrega suficiente jugo de coco para darle una mejor textura. Vierta en 4 vasos y sirva.

16.   Batido de bayas de goji y piñones

Rinde 2 porciones

Ingredientes

- 50 g (1 ¾ oz) de almendras
- 50 g (1 ¾ oz) de bayas de goji
- 20 g (3/4 oz) de piñones
- 1 cucharadita de aceite de linaza
- 2 a 3 hojas de menta fresca 350 a 400 ml (12 a 14 onzas líquidas) de agua mineral

Instrucciones

a) Coloca todos los ingredientes en una licuadora o procesador de alimentos y licúa con el agua mineral para darle una textura suave y sedosa.

b) Si la consistencia es demasiado espesa, agrega un poco más de agua y licúa.

17. Batido potenciador de grosella negra

Rinde 2 porciones

Ingredientes

- 50 g (1 3/4 oz) de grosellas negras frescas (o usadas secas y remojadas primero)
- 50 g (1 ¾ oz) de cebada tostada
- 4 cucharaditas de sirope de agave
- 4 cucharaditas de aceite de coco
- 250 ml (9 onzas líquidas) de leche de arroz
- un poco de agua mineral

Instrucciones

a) Pon todos los ingredientes excepto el agua mineral en una licuadora o procesador de alimentos y licúa hasta que quede suave.

b) Agregue suficiente agua mineral para garantizar que el batido tenga una consistencia que se pueda verter.

18.   Batido de guindas y cacao crudo

Rinde 2 porciones

Ingredientes

- 50 g (13/4 oz) de guindas, sin hueso si son frescas o secas

- 300 ml (10 onzas líquidas) de arroz o leche de almendras 4 cucharaditas de cacao en polvo crudo o regular 4 cucharaditas de semillas de cáñamo, sin cáscara 4 cucharaditas de aceite de linaza

Instrucciones

a) Si utiliza guindas secas, déjelas en remojo durante unas horas en 150 ml (5 onzas líquidas) de agua mineral.

b) Combine la mitad del arroz o la leche de almendras con el resto de los ingredientes en una licuadora o procesador de alimentos y mezcle hasta obtener una consistencia suave, sedosa y que se pueda verter. Agrega el resto de la leche poco a poco hasta que la textura del batido sea de tu agrado.

19.   Batido de almendras y rosas

Rinde 2 porciones

Ingredientes

- 50 g (1 ¾ oz) de almendras
- 300–400 ml (10–14 onzas líquidas) de agua mineral 2 1/2 cucharadas de jarabe de rosas
- 4 cucharaditas de aceite de almendras
- 1 gota de aceite esencial de attar de rosas (opcional)
- 8 pétalos de rosa damascena (opcional)

Instrucciones

a) Combine la mitad del agua mineral con el resto de los ingredientes en una licuadora o procesador de alimentos y mezcle hasta obtener una consistencia suave, sedosa y que se pueda verter.

b) Agrega el resto del agua poco a poco hasta que la textura del batido sea de tu agrado.

20.   Batido de pistacho y aguacate

Rinde 2 porciones

Ingredientes

- 50 g (13/4 oz) de pistachos (más algunos para decorar)
- 1 aguacate pequeño, sin hueso, pelado y cortado en cuartos
- 1 cucharadita de aceite de semilla de cáñamo
- 2 cucharaditas de aceite de linaza
- jugo de 1/2 limón
- jugo fresco de 6 tallos de apio
- pimienta negra recién molida al gusto una pizca de sal
- 3-4 hojas de albahaca fresca
- un poco de agua mineral

Instrucciones

a) Pon todos los ingredientes excepto el agua mineral en una licuadora o procesador de alimentos y licúa hasta que quede suave. Agregue suficiente agua mineral para garantizar que el batido tenga una consistencia que se pueda verter.

b) Sirva en vasos, con una pizca de pistachos finamente picados encima de cada uno.

21.   Batido de maca y mango

Rinde 2 porciones

Ingredientes

- 2 mangos maduros grandes
- 2 cucharaditas de raíz de maca en polvo
- 2 cucharaditas de semillas de cáñamo, sin cáscara
- 2 cucharaditas de aceite de coco
- jugo de 1 limón
- 4 hojas de menta fresca
- un poco de agua mineral (opcional)

Instrucciones

a) Coloque todos los ingredientes en una licuadora o procesador de alimentos y mezcle hasta obtener una textura suave y sedosa.

b) Diluir con agua mineral al gusto, si es necesario.

22. Batido de ciruela e hinojo

Rinde 2 porciones

Ingredientes

- 9 a 10 ciruelas grandes de piel azul oscuro
- 1/2 cucharaditas de semillas de hinojo
- 2 cucharadas de semillas de lino, remojadas
- 2 cucharadas de semillas de cáñamo sin cáscara, remojadas

Instrucciones

a) Primero guisar las ciruelas: ponerlas en una cacerola con 250 ml de agua mineral, añadir las semillas de hinojo y llevar a ebullición. Tapar y cocinar a fuego lento durante 10-12 minutos. Dejar enfriar.

b) Transfiera a una licuadora o procesador de alimentos, agregue las semillas restantes (o aceites, si los usa) y mezcle hasta obtener una consistencia suave.

23. Batido energético de frutos rojos

Rinde 2 porciones

Ingredientes

- 2 cucharadas de frambuesas frescas
- 2 cucharadas de moras frescas
- 2 cucharadas de arándanos frescos
- 2 cucharadas de grosellas negras frescas
- 2 cucharaditas de baya de acai en polvo
- 800ml de infusión de limoncillo, fría
- un poco de agua mineral (opcional)
- un chorrito de jarabe de arce o una pizca de stevia en polvo (opcional)

Instrucciones

a) Coloque las bayas frescas y el polvo de acai berry en una licuadora o procesador de alimentos, agregue la infusión de limoncillo y mezcle hasta obtener una textura suave y sedosa.

b) Si es necesario, añade un poco de agua mineral hasta conseguir la consistencia que te guste.

24. El deleite del excursionista de principios de otoño

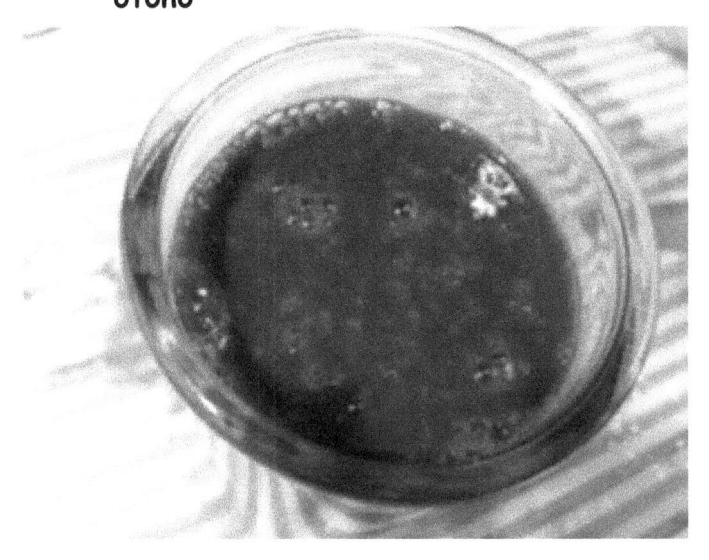

Rinde 2 porciones

Ingredientes

- 3 1/2 manzanas, peladas, sin corazón y picadas
- 1/3 pera pelada, sin corazón y picada
- 12 bayas de saúco maduras, enjuagadas y sin tallos
- 20 moras maduras, enjuagadas

Instrucciones

a) Pon todos los ingredientes en una licuadora o procesador de alimentos y licúa hasta que quede suave.

b) Divida en dos vasos y cubra con jarabe de saúco y flor de saúco para mejorar el contenido antiviral del batido.

25.   Jugo de verduras de huerta

Rinde 2 porciones

Ingredientes

- 2 puñados de hojas de col rizada
- 2 hojas de acelgas
- 1 puñado grande de hojas de espinaca
- 1/2 pepino
- 1 calabacín verde pequeño
- 3 tallos de apio
- 2 hojas de diente de león (grandes)
- 2 tallos de mejorana fresca
- un chorrito de jugo de limón (opcional)

Instrucciones

a) Lave y exprima todas las verduras y hierbas, y mezcle bien. Agrega el jugo de limón al gusto si lo deseas o,

b) Si prefiere un sabor a limón más potente, agregue una octava parte de limón (es preferible el orgánico) y mezcle bien hasta que se mezclen.

26.   Jugo de pimiento rojo y semillas germinadas

Rinde 2 porciones

Ingredientes

- 1 pimiento rojo, sin semillas y cortado en cuartos
- 20 g (3/4 oz) de semillas de alfalfa germinadas
- 20 g (3/4 oz) de semillas de trébol rojo germinadas
- 10 g (1/4 oz) de semillas de brócoli germinadas
- 1/2 pepino
- 2-3 hojas de menta fresca
- 1/2 chile rojo fresco pequeño, sin semillas

Instrucciones

a) Exprima todos los ingredientes y mezcle bien.

27.   Jugo de jengibre e hinojo

Rinde 2 porciones

Ingredientes
- 1 bulbo de hinojo grande
- 1 cm (1/2 pulgada) de raíz de jengibre fresca, pelada
- 2 tallos de apio
- 1/2 pepino pequeño
- 1/2 calabacín verde pequeño
- 1 tallo de albahaca fresca

Instrucciones

a) Exprima todos los ingredientes, mezcle bien y beba inmediatamente.

28. Jugo de brotes de hinojo y brócoli

Rinde 2 porciones

Ingredientes

- 1 bulbo de hinojo grande
- 45 g (11/2 oz) de semillas de brócoli germinadas
- 45 g (11/2 oz) de semillas de alfalfa germinadas
- 1 zanahoria grande
- 2 tallos de apio
- 2-3 hojas de menta fresca un chorrito de jugo de limón

Instrucciones

a) Exprima todos los ingredientes, agregue el jugo de limón al gusto y mezcle bien.

29. Hojas de trigo sarraceno y jugo de guisantes.

Rinde 2 porciones

Ingredientes

- 2 cucharadas de hojas tiernas de trigo sarraceno, finamente picadas
- 4 cucharadas de brotes de guisantes frescos
- 2 calabacines
- 1 pepino
- 2 cucharadas de hojas de mejorana frescas
- un chorrito de jugo de limon
- 200 ml (7 onzas líquidas) de agua mineral

Instrucciones

a) Exprima todos los ingredientes, agregue el agua mineral y el jugo de limón al gusto y mezcle bien.

30. Jugo de salsa de tomate

Rinde 2 porciones

Ingredientes

- 5 tomates maduros
- 1/2 pepino
- 1 diente de ajo pequeño
- 1/2 chile rojo fresco, sin semillas
- 1 tallo de hojas de albahaca fresca
- 2 tallos de apio
- 1 cucharaditas de aceite de oliva virgen
- sal al gusto
- 1 pimiento rojo, sin semillas

Instrucciones

a) Exprima todas las verduras y hierbas, agregue el aceite de oliva, sazone al gusto con un poco de sal si lo desea y mezcle bien.

b) Si prefiere el jugo rojo, agregue 1 pimiento rojo sin semillas a las verduras y las hierbas cuando las exprima.

31.   Jugo de hojas de alcachofa y hinojo

Rinde 2 porciones

Ingredientes

- 1 cucharadita de hojas de alcachofa, finamente picadas
- 1 bulbo de hinojo mediano
- 4 hojas frescas de diente de león
- 4 tallos de apio
- 1/2 calabacín

Instrucciones

a) Exprima todos los ingredientes, mezcle bien y beba.

b) Si el jugo le parece demasiado amargo, dilúyalo con un poco de agua mineral hasta que tenga un sabor agradable.

32.   Hojas de girasol y jugo de pasto de trigo.

Rinde 2 porciones

Ingredientes

- 100 g (31/2 oz) de hojas de girasol
- 100 g (31/2 oz) de hojas de pasto de trigo
- 300 ml (10 onzas líquidas) o más de agua mineral

Instrucciones

a) Exprima las hojas de girasol y el pasto de trigo, mezcle bien y agregue suficiente agua mineral para diluir el sabor del jugo y darle un sabor agradable.

TÉS DE HIERBAS

33.   Melisa y té de rosas

Rinde 2-3 porciones

Ingredientes

- 16 hojas de bálsamo de limón fresco (también se pueden usar las sumidades floridas suaves), o 1 cucharada de bálsamo de limón seco

- 2 cabezas de rosa sin pétalos o 2 cucharadas de pétalos de rosa secos

Instrucciones

a) Coloque las hojas frescas de melisa y los pétalos de rosa en una tetera grande. Si usas bálsamo de limón seco y pétalos de rosa, colócalos en la tetera.

b) Hierva 500 ml (16 onzas líquidas) de agua, déjela enfriar durante 5 minutos y luego viértala en la tetera. Dejar en infusión durante 5 minutos y luego servir. Se puede agregar más agua más adelante si es necesario para volver a infundir las hojas y los pétalos de rosa.

34. Té de jazmín y limoncillo

Rinde 2 porciones

Ingredientes

- 1 tallo de limoncillo, picado
- 1 cucharada de flores de jazmín
- un chorrito de jugo de lima

Instrucciones

a) Coloca la hierba de limón picada en una tetera y agrega las flores de jazmín.

b) Diluya 200 ml (7 onzas líquidas) de agua hervida con 100 ml (3/2 onzas líquidas) de agua fría para que la temperatura del agua caliente sea de aproximadamente 70 °C (158 °F).

c) Vierte el agua en la tetera, deja que se desarrolle el aroma y sirve. Cuando hace calor, este té se puede servir frío.

35.   Té de bayas de goji y damiana

Rinde 2 porciones

Ingredientes

- 1 cucharada de bayas de goji, frescas o secas
- 1 cucharadita de damiana (Turnera diffusa)
- 1/2 cucharaditas de raíz de regaliz en polvo

Instrucciones

a) Coloque todos los ingredientes en una tetera, cubra con 300 ml (10 onzas líquidas) de agua hirviendo, déjelo reposar durante 10 a 15 minutos y luego sirva. La infusión también se puede dejar enfriar y servir como bebida fría.

36.   Té de rosa mosqueta y arándano

Rinde 2 porciones

Ingredientes

- 1 cucharada de cáscaras de rosa mosqueta, frescas o secas
- 1 cucharada de arándanos, frescos o secos
- 1 cucharadita de ralladura de naranja
- 1 cucharadita de bayas de goji, frescas o secas

Instrucciones

a) Coloque todos los ingredientes en una tetera y cúbralos con 300 ml (10 onzas líquidas) de agua hirviendo.

b) Dejar en infusión durante 10-15 minutos, colar y servir.

37.   Té de crisantemo y flor de saúco

Rinde 2 porciones

Ingredientes

- 1/2 cucharadas de flores de crisantemo
- 1/2 cucharadas de flores de saúco
- 1/2 cucharadas de menta
- 1/2 cucharadas de hojas de ortiga

Instrucciones

a) Coloque todos los ingredientes en una tetera, cubra con 300 ml (10 onzas líquidas) de agua hirviendo, déjelo en infusión y sirva.

b) Beba de 3 a 4 tazas al día durante la temporada de fiebre del heno.

38. Té de manzanilla e hinojo

Rinde 3 porciones

Ingredientes

- 1 cucharadita de flores de manzanilla
- 1 cucharadita de semillas de hinojo
- 1 cucharadita de reina de los prados
- 1 cucharadita de raíz de malvavisco, finamente picada
- 1 cucharadita de milenrama

Instrucciones

a) Pon las hierbas en una tetera grande.

b) Hierva 500 ml (16 onzas líquidas) de agua hirviendo y agréguelos a la tetera. Dejar infusionar durante 5 minutos y servir.

c) Beba 1 taza de infusión 2-3 veces al día.

39. Té de diente de león y bardana

Rinde 3-4 porciones

Ingredientes

- 1 cucharadita de hojas de diente de león
- 1 cucharadita de hojas de bardana
- 1 cucharadita de hierba de cuchilla
- 1 cucharadita de flores de trébol rojo

Instrucciones

a) Coloque todos los ingredientes en una tetera, vierta 500 ml (16 onzas líquidas) de agua hirviendo, déjelo en infusión durante 10 a 15 minutos y sirva. Beber frío o caliente durante todo el día.

40. Té de milenrama y caléndula

Rinde 3-4 porciones

Ingredientes

- 1 cucharadita de milenrama
- 1 cucharadita de flores de caléndula
- 1 cucharadita de manto de dama
- 1 cucharadita de verbena
- 1 cucharadita de hoja de frambuesa

Instrucciones

a) Coloque todos los ingredientes en una tetera, vierta 500 ml (16 onzas líquidas) de agua hirviendo, déjelo en infusión durante 10 a 15 minutos y sirva. Beber frío o caliente durante todo el día.

b) Tomar 2-4 tazas al inicio del dolor, y revalorar con su profesional de la salud si el dolor persiste.

41. Té de escutelaria y flor de naranja

Rinde 3-4 porciones

Ingredientes

- 1 cucharadita de escutelaria
- 1 cucharadita de flores de naranja
- 1 cucharadita de San hierba de juan
- 1 cucharadita de betónica de madera
- 1 cucharadita de bálsamo de limón

Instrucciones

a) Coloque todos los ingredientes en una tetera, vierta 500 ml (16 onzas líquidas) de agua hirviendo, déjelo en infusión durante 10 a 15 minutos y sirva.

b) Beber frío o caliente durante todo el día.

42.   Té de moras y fresas silvestres

Rinde 3-4 porciones

Ingredientes

- 2 cucharaditas de hojas de mora
- 1 cucharadita de hojas de fresa silvestre
- 1 cucharadita de hojas de frambuesa
- 1 cucharadita de hojas de grosella negra

Instrucciones

a) Coloque todos los ingredientes en una tetera, vierta 500 ml (16 onzas líquidas) de agua hirviendo, déjelo en infusión durante 10 a 15 minutos y sirva.

b) Beber frío o caliente durante todo el día.

43. Infusión de menta y caléndula

Rinde 4 porciones

Ingredientes

- 1 cucharadita de hojas de menta
- 1 cucharadita de flores de caléndula
- 1 cucharadita de agripalma
- 1 cucharadita de verbena
- jarabe de pétalos de rosa para endulzar

Instrucciones

a) Pon todas las hierbas en una tetera grande.

b) Hervir 600 ml (1 litro) de agua hirviendo y verter sobre las hierbas. Deje infundir durante 20 minutos, luego cuele el líquido a través de un colador de té en una jarra limpia. Beber 1 taza de infusión 2-3 veces al día, ya sea caliente o a temperatura ambiente.

44.   Té de flor de espino y lavanda

Rinde 3-4 porciones

Ingredientes

- 1 cucharadita de flores de espino
- 1 cucharadita de lavanda
- 1 cucharadita de capullos de rosa
- 1 cucharadita de flores de naranja
- 1 cucharadita de jazmín

Instrucciones

a) Coloque todos los ingredientes en una tetera, vierta 500 ml (16 onzas líquidas) de agua hirviendo, déjelo en infusión durante 10 a 15 minutos y sirva.

b) Beber frío o caliente durante todo el día.

45. Té de ortiga y cuchillos

Rinde 2 porciones

Ingredientes

- 2 cucharaditas de hojas de ortiga
- 2 cucharaditas de cuchillos

Instrucciones

a) Coloque los ingredientes en una tetera, vierta 300 ml (10 onzas líquidas) de agua hirviendo, déjelos en infusión durante 10 a 15 minutos y sirva.

b) Beber frío o caliente durante todo el día.

46.   Té de gordolobo y malvavisco

Rinde 2 porciones

Ingredientes

- 1 cucharadita de hojas de gordolobo
- 1 cucharadita de hojas de malvavisco
- 1 cucharadita de llantén

Instrucciones

a) Coloque todos los ingredientes en una tetera, vierta 300 ml (10 onzas líquidas) de agua hirviendo, déjelo en infusión durante 10 a 15 minutos y sirva.

b) Beber frío o caliente durante todo el día.

47.   Té de cola de caballo y seda de maíz

Rinde 5-6 porciones

Ingredientes

- 2 cucharaditas de cola de caballo
- 2 cucharaditas de seda de maíz
- 2 cucharaditas de hojas de diente de león
- 2 cucharaditas de cuchillos
- 2 cucharaditas de hojas de llantén menor

Instrucciones

a) Coloque todos los ingredientes en una tetera, vierta 600 ml (1 litro) de agua hirviendo, déjelo en infusión durante 10 a 15 minutos y sirva.

b) Beber frío o caliente durante todo el día.

48. Té helado de hierbas afrutadas

Rinde: 1 porción

Ingrediente

- 1 Bolsa de té Tazo Pasión
- 1 litro de agua
- 2 tazas de jugo de naranja fresco
- rueda naranja
- hojas de menta

Instrucciones:

a) Coloque la bolsita de té en 1 litro de agua hirviendo y déjela reposar durante 5 minutos.

b) Retire la bolsita de té. Vierta el té en una jarra de 1 galón llena de hielo. Una vez que el hielo se derrita, llena el espacio restante de la jarra con agua.

c) Llene una coctelera con la mitad del té preparado y la mitad del jugo de naranja. Agite bien y cuele en un vaso lleno de hielo. Adorne con rodaja de naranja y hojas de menta.

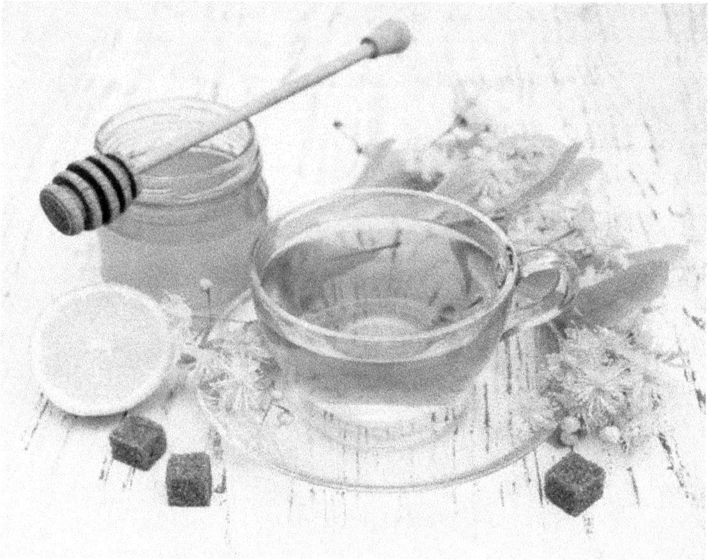

Rinde: 1 porción

Ingrediente

- Bolsa de flores secas de tilo
- agua hirviendo

Instrucciones:

a) Simplemente coloque flores secas, un pequeño puñado por cada tetera promedio, en la maceta. Vierta el agua hirviendo y revuelva bien. Atender.

b) No deje reposar durante más de cuatro minutos ya que se perderá el sabor.

49.   Té de hierbas de frambuesa

Rinde: 8 porciones

Ingrediente

- 2 bolsitas de té de frambuesa tamaño familiar
- 2 bolsitas de té de mora
- 2 bolsitas de té de grosella negra
- 1 botella de sidra de manzana espumosa
- $\frac{1}{2}$ taza de jugo concentrado
- $\frac{1}{2}$ taza de jugo de naranja
- $\frac{1}{2}$ taza de azúcar

Instrucciones:

a) Coloca todos los ingredientes en una jarra grande. Enfriar. Servimos el nuestro con cubitos de hielo afrutados.

b) Reservamos jugos suficientes para llenar una cubitera y colocamos en cada cubito rodajas de fresas y arándanos.

50. Té de cardamomo

Rinde: 1 porción

Ingrediente

- 15 Semillas de Cardamomo agua
- ½ taza de leche
- 2 gotas de vainilla (a 3 gotas)
- Miel

Instrucciones:

a) Para la indigestión, mezcle 15 semillas pulverizadas en ½ taza de agua caliente. Agrega 1 onza de raíz de jengibre fresca y una ramita de canela.

b) Cocine a fuego lento durante 15 minutos. Agrega ½ taza de leche y cocina a fuego lento durante 10 minutos más. Agrega de 2 a 3 gotas de vainilla. Endulzar con miel. Beba de 1 a 2 tazas al día.

51. Té de sasafrás

PORCIONES: 10

Ingredientes

- 4 raíces de sasafrás
- 2 cuartos de agua
- azúcar o miel

Instrucciones:

a) Lave las raíces y corte los retoños donde estén verdes y donde termina la raíz.

b) Hierva el agua y agregue las raíces.

c) Cocine a fuego lento hasta que el agua adquiera un color rojo pardusco intenso (cuanto más oscura, más fuerte; a mí me gusta la mía fuerte).

d) Colar en una jarra a través de un alambre y un filtro de café si no quieres sedimentos.

e) Agrega miel o azúcar al gusto.

f) Servir caliente o frío con limón y una ramita de menta.

52. Té de moringa

Porciones: 2

Ingredientes

- 800ml Agua
- 5-6 hojas de menta (rasgadas)
- 1 cucharadita de semillas de comino
- 2 cucharaditas de Moringa en polvo
- 1 cucharada de jugo de lima/limón
- 1 cucharadita de Miel Orgánica como edulcorante

Instrucciones:

a) Ponga a hervir 4 tazas de agua.

b) Agregue 5-6 hojas de menta y 1 cucharadita de semillas de comino/jeera.

c) Dejamos hervir hasta que el agua se reduzca a la mitad de cantidad.

d) Cuando el agua se reduzca a la mitad, agregue 2 cucharaditas de Moringa en polvo.

e) Regula el fuego a alto, cuando haga espuma y suba, apaga el fuego.

f) Cubrir con una tapa y dejar reposar durante 4-5 minutos.

g) Después de 5 minutos, cuela el té en una taza.

h) Agregue miel orgánica al gusto y exprima jugo de lima fresco.

53. Té de salvia

Ingredientes

- 6 hojas frescas de salvia, dejadas en el tallo
- agua hirviendo
- Miel (o sirope de agave para veganos)
- 1 rodajita de limón

Instrucciones

a) Lleva el agua a ebullición.

b) Lava bien la salvia.

c) Coloca la salvia en una taza y vierte sobre el agua hirviendo. Deje que las hierbas reposen durante 5 minutos.

d) Retire la salvia. Agregue un chorrito de miel y un chorrito de limón.

CORDIALES Y JARABE

54.   Cordial de moras y lima

Rinde 500 ml (16 onzas líquidas)

Ingredientes

- 1 kg (21/4 lb) de moras frescas, jugo de 4 limas
- 350 g (12 oz) de azúcar en polvo

Instrucciones

a) A fuego lento, cocine a fuego lento las moras y el jugo de lima en 600 ml (1 litro) de agua en una cacerola durante aproximadamente 15 minutos.

b) Deje enfriar durante unos 10 minutos, luego pase la mezcla por un colador y deseche la pulpa y las pepitas. Vierta el jugo colado en una cacerola limpia y agregue el azúcar. Revuelva a fuego lento hasta que el azúcar se disuelva y luego cocine a fuego lento durante unos 5 minutos hasta que la mezcla esté espeso.

c) Vierta en biberones esterilizados, ciérrelo, refrigérelo y úselo dentro de unos días. Diluya al gusto con agua mineral con gas o sin gas y menta fresca o rodajas de lima para preparar una bebida refrescante.

55. Cordial de saúco y flor de saúco

Rinde 500 ml (16 onzas líquidas)

Ingredientes

- 50 g (1 ¾ oz) de flores de saúco frescas o secas
- 100 g (31/2 oz) de bayas de saúco
- 1 rama pequeña de canela
- 1 cucharadita de anís
- 1 cucharada de raíz de jengibre fresca, rallada
- 400 g (14 oz) de azúcar
- jugo de 1/2 limón

Instrucciones

a) Coloque todos los ingredientes excepto el azúcar y el jugo de limón en una cacerola, agregue 1 litro de agua, tape y cocine a fuego lento durante 25 a 30 minutos.

b) Cuela el líquido en un frasco medidor. Decantar 600ml (1 litro) en un cazo y añadir el azúcar. (Cualquier líquido sobrante se puede beber como té).

c) Remueve suavemente a fuego lento para disolver el azúcar. Cuando todo el azúcar se haya disuelto, agregue el jugo de limón y cocine a fuego lento durante otros 10-15 minutos con la tapa abierta. Luego déjalo hervir durante 2-3 minutos y retira del fuego.

d) Vierta en una botella de vidrio esterilizada mientras aún esté caliente, ciérrela, etiquétela con la lista de ingredientes y la fecha. Manténgalo refrigerado y úselo dentro de 3 a 4 semanas.

e) Agregue una cucharada de cordial a una taza de agua fría o caliente, o rocíelo sobre panqueques o cereales para el desayuno.

56. Miel dulce de violeta y jengibre

Rinde 400 a 500 g (14 oz a 1 libra 2 oz)

Ingredientes

- 20 g (3/4 oz) de hojas y flores frescas de violeta (o use viola o heartsease, si no está disponible)
- 30 g (1 oz) de raíz de jengibre fresca
- 20 g (3/4oz) de hojas frescas de plátano
- 30 g (1 oz) de hojas frescas de houttuynia
- 500 g (1 libra 2 oz) de miel líquida

Instrucciones

a) Coseche con cuidado las hojas y flores frescas, lávelas y séquelas al aire.

b) Píquelos finamente, colóquelos en un frasco limpio y cúbralos completamente con miel líquida. Mezcle bien para asegurarse de que todas las hierbas estén bien cubiertas. Agregue miel extra si es necesario.

c) Déjelo en un lugar cálido, como un gabinete ventilado, durante 5 días. Luego cuela la miel a través de un paño de muselina limpio y decántala en un frasco esterilizado más pequeño.

d) Deseche las hierbas coladas. 4 Sella el frasco, etiquétalo con una lista de todos los ingredientes y la fecha.

57.   Puré de melisa y miel

Rinde 125 g (41/2 oz)

Ingredientes

- 20 g (3/4 oz) de hojas frescas de melisa
- 100 g (31/2oz) de miel líquida
- Jugo de 1/2 limón

Instrucciones

a) Coloca las hojas en una licuadora o procesador de alimentos, agrega la miel y el jugo de limón y licúa hasta obtener un puré verde suave. 2 Diluir con agua y beber.

b) El puré durará una o dos semanas si se mantiene refrigerado.

58. jarabe de rosa mosqueta

Rinde 700 ml (1 1/4 pintas)

Ingredientes

- 500 g (1 libra 2 oz) de escaramujos frescos
- 400 g (14 onzas) de azúcar

Instrucciones

a) Corta la fruta por la mitad y retira las semillas y los pelos con una cuchara pequeña. Lave las mitades limpias con agua corriente para quitar aún más los pelitos de la fruta.

b) Coloque la fruta en una cacerola, agregue 600 ml (1 litro) de agua y cocine a fuego lento, sin tapar, durante 20-30 minutos hasta que la fruta esté blanda y el agua se haya reducido ligeramente.

c) Cuela la mezcla y decanta el líquido en una cacerola limpia. Deseche la fruta. Agrega el azúcar al líquido colado y deja que se disuelva a fuego lento, revolviendo constantemente.

d) Una vez que todo el azúcar se haya disuelto, aumenta el fuego y deja hervir durante 2-3 minutos. Decantar el almíbar en un biberón esterilizado.

59. Sirope de gordolobo y anís

Rinde 200 ml (7 onzas líquidas)

Ingredientes

- 4 cucharaditas de tintura de hojas de gordolobo
- 4 cucharaditas de tintura de raíz de malvavisco
- 1 cucharada de tintura de anís
- 1 cucharadas de tintura de tomillo
- 4 cucharaditas de tintura de plátano
- 2 cucharaditas de tintura de raíz de regaliz 100 ml (31/2fl oz.) de miel de manuka

Instrucciones

a) Licúa las tinturas y la miel, mezcla bien y vierte en una botella de vidrio marrón esterilizada. Sellar, etiquetar con todos los ingredientes y fecha.

b) Se conservará durante 3-4 meses.

60. Sirope de pétalos de rosa

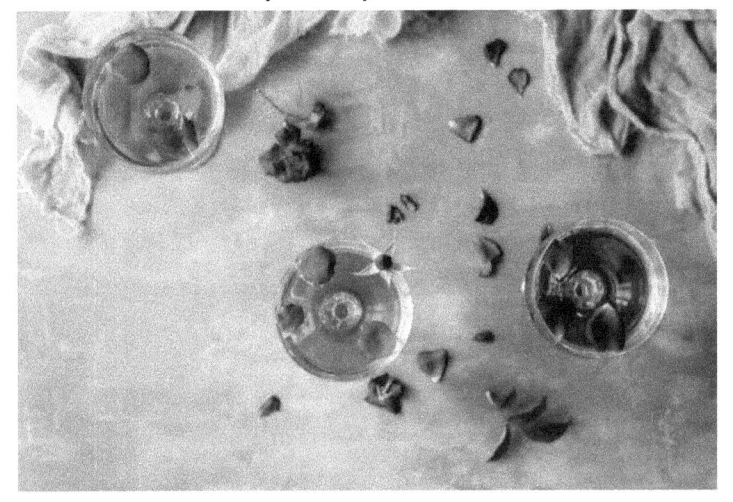

Rinde aproximadamente 500 ml (16 onzas líquidas)

Ingredientes

- 225 g (8 oz) de azúcar granulada jugo de 1 limón colado jugo de 1 naranja colado
- 100 g (31/2 oz) de pétalos de rosa secos o
- 10 cabezas de rosas frescas

Instrucciones

a) Disuelva el azúcar en 300 ml (10 onzas líquidas) de agua en una cacerola pequeña a fuego lento y no deje que hierva, ya que esto enturbiará la mezcla. Agrega los jugos de limón y naranja colados, baja el fuego y cocina a fuego lento durante 5 minutos.

b) Durante los siguientes 15 minutos, agregue los pétalos de rosa, una cucharada a la vez, y revuelva bien antes de agregar más. Retirar del fuego, dejar enfriar y colar. Vierta en una botella de vidrio esterilizada, ciérrela y etiquétela. Manténgalo refrigerado y úselo dentro de las 6 semanas.

61. Jarabe de cereza ácida

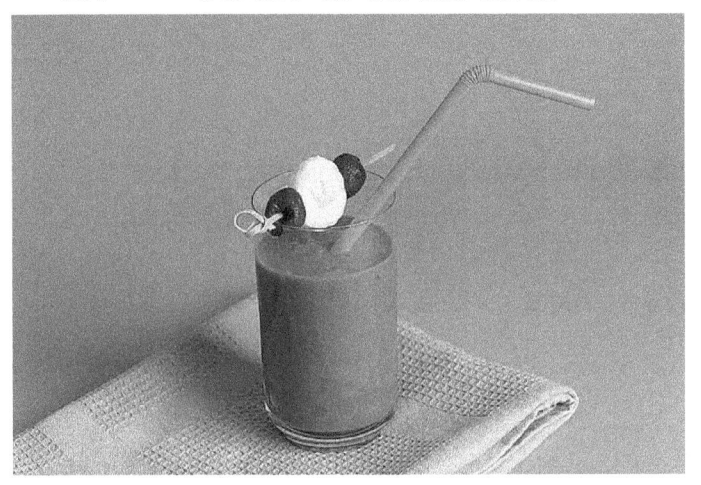

Rinde 1 pinta

Ingredientes

- 400 ml (14 onzas líquidas) de jugo de guindas, recién exprimido
- 250 g (9 onzas) de azúcar

Instrucciones

a) Vierte el jugo en una cacerola, agrega el azúcar y calienta a fuego lento. Disuelva el azúcar en el jugo, revolviendo constantemente, luego cocine a fuego lento durante 20 minutos.

b) Cuele el almíbar y embotelle en una botella de vidrio esterilizada con tapa hermética. Manténgalo refrigerado y úselo dentro de unas pocas semanas.

c) Beber diluido con agua mineral fría o caliente.

62. Sirope de equinácea y tomillo

Rinde 500 ml (16 onzas líquidas)

Ingredientes

- 20 g (¾ oz) de tomillo fresco
- 20 g (¾ oz) de hojas frescas de llantén
- 20 g (¾ oz) de raíz, tallo y hojas verdes frescas de equinácea
- 10 g (1/4 oz) de raíz de jengibre fresca, rallada
- 10 g (1/4 oz) de ajo fresco, pelado y triturado
- 10 g (1/4 oz) de raíz fresca de helenio
- 1 chile rojo fresco entero, finamente picado
- 400 ml (14 onzas líquidas) de vodka de buena calidad
- 100 g (31/2 oz) de miel de manuka

Instrucciones

a) Lave todos los ingredientes de las hierbas una vez cosechados y déjelos secar. Luego píquelos finamente.

b) Coloque todos los ingredientes excepto la miel y el vodka en un frasco de vidrio grande con tapa. Vierta el vodka, cierre bien la tapa y agite varias veces. Etiqueta el frasco con los ingredientes y la fecha. Coloca el frasco en un armario oscuro y agítalo al menos una vez al día durante 3 semanas.

c) Cuela el contenido del frasco a través de la bolsa de muselina y colócalo en una jarra medidora. Decanta la miel de manuka en un bol y vierte suavemente la tintura, revolviendo continuamente con un batidor hasta que la miel y la tintura estén bien mezcladas. Vierta el almíbar en una botella de vidrio ámbar de 500 ml (16 onzas líquidas) con tapa y etiquétela con los ingredientes y la fecha de inicio original.

d) Tome 1 cucharadita 2-3 veces al día, o hasta 6 cucharaditas al día al inicio de un resfriado. Este jarabe debe conservarse hasta por 9 meses.

TINTURAS DE HIERBAS

63. Tintura de menta y tomillo

Rinde 500 ml (16 onzas líquidas)

Instrucciones

a) Coloca todos los ingredientes excepto el vodka en un frasco grande.

b) Cubre con el vodka, revuelve y asegúrate de que todos los ingredientes queden bien sumergidos. Cierra bien el frasco y colócalo en un armario oscuro. Agite bien el frasco todos los días durante 3 semanas.

c) Abra el frasco y cuele los ingredientes a través de un colador forrado de muselina en un recipiente poco profundo. Desecha los ingredientes de la muselina y vierte el líquido en una botella de vidrio color ámbar. Etiqueta el frasco de tintura con los nombres de todos los ingredientes y la fecha. Tome 1 cucharadita en un vaso de agua tibia o fría y bébalo antes o después de las comidas.

64. Tintura de saúco y regaliz

Rinde de 300 a 350 ml (de 10 a 12 onzas líquidas)

Ingredientes

- 25 g (escaso 1 oz) de bayas de saúco
- 25 g (poco 1 oz) de raíz de equinácea
- 10 g (1/4 oz) de raíz de regaliz
- 10 g (1/4 oz) de raíz de jengibre fresca, rallada
- 10 g (1/4 oz) de canela en rama, partida en trozos pequeños
- 20 g (3/4 oz) de menta
- 400 ml (14 onzas líquidas) de vodka de buena calidad

Instrucciones

a) Asegúrese de que todos los ingredientes secos estén finamente picados, pero no en polvo.

b) Coloque todos los ingredientes excepto el vodka en un frasco de vidrio grande con tapa segura. Vierta el vodka, cierre bien la tapa y agite varias veces.

c) Etiqueta el frasco con todos los ingredientes y la fecha. Coloca el frasco en un armario oscuro y agítalo al menos una vez al día durante 3 semanas.

d) Cuela el contenido del frasco a través de una bolsa de muselina en una jarra medidora y vierte la tintura en una botella de vidrio ámbar esterilizada del tamaño adecuado (350 a 400 ml/12 a 14 onzas líquidas).

e) Sellar la botella.

f) Etiqueta con todos los ingredientes y la fecha de inicio original. Comience tomando unas gotas cada día y aumente hasta 1 cucharadita 2 o 3 veces al día. Usar dentro de los 6 meses.

65. Tintura de flor de tilo y baya de espino

Rinde de 300 a 350 ml (de 10 a 12 onzas líquidas)

Ingredientes

- 20 g (3/4oz) de flores de lima
- 20 g (3/4 oz) de bayas de espino
- 20 g (3/4oz) de milenrama
- 20 g (3/4oz) de bálsamo de limón
- 20 g ($\frac{3}{4}$ oz) de corteza de calambre
- 400 ml (14 onzas líquidas) de vodka de buena calidad

Instrucciones

a) Asegúrese de que todos los ingredientes secos estén finamente picados, pero no en polvo.

b) Coloque todos los ingredientes excepto el vodka en un frasco de vidrio grande con tapa segura. Vierta el vodka, cierre bien la tapa y agite varias veces.

c) Etiqueta el frasco con todos los ingredientes y la fecha. Coloca el frasco en un armario oscuro y agítalo al menos una vez al día durante 3 semanas.

d) Cuela el contenido del frasco a través de una bolsa de muselina en una jarra medidora y vierte la tintura en una botella de vidrio ámbar esterilizada del tamaño adecuado (350 a 400 ml/12 a 14 onzas líquidas). Sellar la botella.

e) Etiqueta con todos los ingredientes y la fecha de inicio original. Comience tomando unas gotas cada día y aumente hasta 1 cucharadita 2 o 3 veces al día. Usar dentro de los 6 meses.

66. Tintura de pasiflora y manzanilla

Rinde de 300 a 350 ml (de 10 a 12 onzas líquidas)

Ingredientes
- 20 g (3/4oz) de pasiflora
- 20 g (¾ oz) de manzanilla
- 20 g (3/4 oz) de raíz de valeriana
- 30 g (1 oz) de guindas, frescas o secas 400 ml (14 fl oz) de vodka de buena calidad

Instrucciones

a) Asegúrese de que todos los ingredientes secos estén finamente picados, pero no en polvo.

b) Coloque todos los ingredientes excepto el vodka en un frasco de vidrio grande con tapa segura. Vierta el vodka, cierre bien la tapa y agite varias veces.

c) Etiqueta el frasco con todos los ingredientes y la fecha. Coloca el frasco en un armario oscuro y agítalo al menos una vez al día durante 3 semanas.

d) Cuela el contenido del frasco a través de una bolsa de muselina en una jarra medidora y vierte la tintura en una botella de vidrio ámbar esterilizada del tamaño adecuado (350 a 400 ml/12 a 14 onzas líquidas).

e) Sellar la botella.

f) Etiqueta con todos los ingredientes y la fecha de inicio original. Comience tomando unas gotas cada día y aumente hasta 1 cucharadita al final de la tarde y otra antes de acostarse. Usar dentro de los 6 meses.

67. Tintura de baya casta y dang gui

Rinde de 300 a 350 ml (de 10 a 12 onzas líquidas)

Ingredientes

- 20 g (3/4 oz) de baya casta (también llamada agnus castus)
- 20 g (3/4 oz) de angélica china (dang gui)
- 20 g (3/4 oz) de agripalma
- 20 g (3/4 oz) de corteza de raíz de haw negro (Viburnum prunifolium)
- 20 g (¾ oz) de manzanilla
- 400 ml (14 onzas líquidas) de vodka de buena calidad

Instrucciones

a) Asegúrese de que todos los ingredientes secos estén finamente picados, pero no en polvo.

b) Coloque todos los ingredientes excepto el vodka en un frasco de vidrio grande con tapa segura. Vierta el vodka, cierre bien la tapa y agite varias veces.

c) Etiqueta el frasco con todos los ingredientes y la fecha. Coloca el frasco en un armario oscuro y agítalo al menos una vez al día durante 3 semanas.

d) Cuela el contenido del frasco a través de una bolsa de muselina en una jarra medidora y vierte la tintura en una botella de vidrio ámbar esterilizada del tamaño adecuado (350 a 400 ml/12 a 14 onzas líquidas). Sellar la botella.

e) Etiqueta con todos los ingredientes y la fecha de inicio original. Comience tomando unas gotas cada día y aumente hasta 1 cucharadita 2 o 3 veces al día. Usar dentro de los 6 meses.

68. Tintura de baya de Goji y ginseng siberiano

Rinde de 300 a 350 ml (de 10 a 12 onzas líquidas)

Ingredientes

- 25 g (poco 1 oz) de bayas de goji
- 25 g (escaso 1 oz) de ginseng siberiano
- 25 g (poco 1 oz) de copos de avena o avena seca
- 20 g (3/4 oz) de bayas de esquisandra
- 5 g (1/8 oz) de raíz de regaliz
- 400 ml (14 onzas líquidas) de vodka de buena calidad

Instrucciones

a) Asegúrese de que todos los ingredientes secos estén finamente picados, pero no en polvo.

b) Coloque todos los ingredientes excepto el vodka en un frasco de vidrio grande con tapa segura. Vierta el vodka, cierre bien la tapa y agite varias veces.

c) Etiqueta el frasco con todos los ingredientes y la fecha. Coloca el frasco en un armario oscuro y agítalo al menos una vez al día durante 3 semanas.

d) Cuela el contenido del frasco a través de una bolsa de muselina en una jarra medidora y vierte la tintura en una botella de vidrio ámbar esterilizada del tamaño adecuado (350 a 400 ml/12 a 14 onzas líquidas). Sellar la botella.

e) Etiqueta con todos los ingredientes y la fecha de inicio original. Comience tomando unas gotas cada día y aumente hasta 1 cucharadita 2 o 3 veces al día. Usar dentro de los 6 meses.

69.   Tintura de trébol rojo y cuchillas.

Rinde de 300 a 350 ml (de 10 a 12 onzas líquidas)

Ingredientes

- 15 g (1/2 oz) de trébol rojo
- 15 g (1/2 oz) de cuchillas
- 20 g (3/4 oz) de viola (corazón)
- 20 g (3/4oz) de hojas de violeta (Viola odorata)
- 20 g (3/4 oz) de raíz de mahonia (Mahonia aquifolium), finamente picada
- 20 g (3/4 oz) de centella asiática
- 400 ml (14 onzas líquidas) de vodka de buena calidad

Instrucciones

a) Asegúrese de que todos los ingredientes secos estén finamente picados, pero no en polvo.

b) Coloque todos los ingredientes excepto el vodka en un frasco de vidrio grande con tapa segura. Vierta el vodka, cierre bien la tapa y agite varias veces.

c) Etiqueta el frasco con todos los ingredientes y la fecha. Coloca el frasco en un armario oscuro y agítalo al menos una vez al día durante 3 semanas.

d) Cuela el contenido del frasco a través de una bolsa de muselina en una jarra medidora y vierte la tintura en una botella de vidrio ámbar esterilizada del tamaño adecuado (350 a 400 ml/12 a 14 onzas líquidas). Sellar la botella.

e) Etiqueta con todos los ingredientes y la fecha de inicio original. Comience tomando unas gotas cada día y aumente hasta 1 cucharadita 2 o 3 veces al día. Usar dentro de los 6 meses.

70. Tintura protectora de invierno de equinácea y saúco

Rinde suministro para 1 mes

Ingredientes

- 20 g (3/4 oz) de raíz de jengibre fresca
- 80 g (23/4 oz) de raíz de equinácea, fresca o seca
- 20 g (3/4 oz) de hojas de tomillo, frescas o secas
- 2 dientes de ajo (opcional)
- 1 chile fresco con semillas (opcional)
- 80 g (23/4oz) de bayas de saúco, frescas o secas
- 500 ml (16 onzas líquidas) de vodka de buena calidad

Instrucciones

a) Corte finamente la raíz fresca de jengibre y equinácea, retire las hojas frescas de tomillo de sus tallos y pique el ajo y el chile (si los usa).

b) Exprime suavemente las bayas de saúco. Coloque todos los ingredientes en un frasco grande con tapa que cierre bien. Cubrir con el vodka, mezclar bien y asegurarse de que todos los ingredientes queden completamente sumergidos.

c) Cierra bien la tapa y coloca el frasco en un armario oscuro. Revísalo todos los días, agitando el frasco unas cuantas veces. Pasadas las 3 semanas, abre el frasco, cuela los ingredientes a través de una bolsa de muselina, recoge el líquido en una botella de vidrio ámbar esterilizada, etiqueta con los nombres de todos los ingredientes y la fecha.

71.   Tintura de diente de león y bardana.

Rinde de 300 a 350 ml (de 10 a 12 onzas líquidas)

Ingredientes

- 20 g (3/4 oz) de raíz de diente de león
- 20 g (3/4oz) de raíz de bardana
- 20 g (3/4 oz) de bayas de esquisandra
- 10 g (1/4 oz) de hojas de alcachofa
- 20 g (3/4oz) de cardo mariano
- 10 g (1/4 oz) de raíz de genciana
- 400 ml (14 onzas líquidas) de vodka de buena calidad

Instrucciones

a) Asegúrese de que todos los ingredientes secos estén finamente picados, pero no en polvo.

b) Coloque todos los ingredientes excepto el vodka en un frasco de vidrio grande con tapa segura. Vierta el vodka, cierre bien la tapa y agite varias veces.

c) Etiqueta el frasco con todos los ingredientes y la fecha. Coloca el frasco en un armario oscuro y agítalo al menos una vez al día durante 3 semanas.

d) Cuela el contenido del frasco a través de una bolsa de muselina en una jarra medidora y vierte la tintura en una botella de vidrio ámbar esterilizada del tamaño adecuado (350 a 400 ml/12 a 14 onzas líquidas).

e) Sellar la botella.

f) Etiqueta con todos los ingredientes y la fecha de inicio original. Comience tomando unas gotas cada día y aumente hasta 1 cucharadita 2 o 3 veces al día. Usar dentro de los 6 meses.

72.	Tintura de corteza de calambre y valeriana.

Rinde de 300 a 350 ml (de 10 a 12 onzas líquidas)

Ingredientes

- 25 g (escaso 1 oz) de corteza de calambre
- 25 g (poco 1 oz) de raíz de valeriana
- 20 g (3/4oz) de pasiflora
- 20 g ($\frac{3}{4}$ oz) de manzanilla
- 400 ml (14 onzas líquidas) de vodka de buena calidad

Instrucciones

a) Asegúrese de que todos los ingredientes secos estén finamente picados, pero no en polvo.

b) Coloque todos los ingredientes excepto el vodka en un frasco de vidrio grande con tapa segura. Vierta el vodka, cierre bien la tapa y agite varias veces.

c) Etiqueta el frasco con todos los ingredientes y la fecha. Coloca el frasco en un armario oscuro y agítalo al menos una vez al día durante 3 semanas.

d) Cuela el contenido del frasco a través de una bolsa de muselina en una jarra medidora y vierte la tintura en una botella de vidrio ámbar esterilizada del tamaño adecuado (350 a 400 ml/12 a 14 onzas líquidas). Sellar la botella.

e) Etiqueta con todos los ingredientes y la fecha de inicio original. Comience tomando unas gotas cada día y aumente hasta 1 cucharadita 2 o 3 veces al día. Usar dentro de los 6 meses.

73.   Tintura de cohosh negro y salvia

Rinde de 300 a 350 ml (de 10 a 12 onzas líquidas)

Ingredientes
- 20 g (3/4 oz) de raíz de cohosh negro
- 15 g (1/2 oz) de baya casta
- 10 g (1/4 oz) de salvia
- 20 g (3/4 oz) de bayas de esquisandra
- 15 g (1/2 oz) de agripalma
- 20 g (3/4 oz) de escutelaria
- 400 ml (14 onzas líquidas) de vodka de buena calidad

Instrucciones

a) Asegúrese de que todos los ingredientes secos estén finamente picados, pero no en polvo.

b) Coloque todos los ingredientes excepto el vodka en un frasco de vidrio grande con tapa segura. Vierta el vodka, cierre bien la tapa y agite varias veces.

c) Etiqueta el frasco con todos los ingredientes y la fecha. Coloca el frasco en un armario oscuro y agítalo al menos una vez al día durante 3 semanas.

d) Cuela el contenido del frasco a través de una bolsa de muselina en una jarra medidora y vierte la tintura en una botella de vidrio ámbar esterilizada del tamaño adecuado (350 a 400 ml/12 a 14 onzas líquidas). Sellar la botella.

e) Etiqueta con todos los ingredientes y la fecha de inicio original. Comience tomando unas gotas cada día y aumente hasta 1 cucharadita 2 o 3 veces al día. Usar dentro de los 6 meses.

74.   Tintura de hoja de abedul y raíz de ortiga

Rinde de 300 a 350 ml (de 10 a 12 onzas líquidas)

Ingredientes

- 25 g (poco 1 oz) de raíz de ortiga
- 15 g (1/2 oz) de hojas de abedul
- 25 g (escaso 1 oz) de pellitorio de la pared
- 15 g (1/2 oz) de hojas de grosella negra
- 20 g (3/4 oz) de álamo blanco o corteza de álamo (Populus tremuloides)
- 400 ml (14 onzas líquidas) de vodka de buena calidad

Instrucciones

a) Asegúrese de que todos los ingredientes secos estén finamente picados, pero no en polvo.

b) Coloque todos los ingredientes excepto el vodka en un frasco de vidrio grande con tapa segura. Vierta el vodka, cierre bien la tapa y agite varias veces.

c) Etiqueta el frasco con todos los ingredientes y la fecha. Coloca el frasco en un armario oscuro y agítalo al menos una vez al día durante 3 semanas.

d) Cuela el contenido del frasco a través de una bolsa de muselina en una jarra medidora y vierte la tintura en una botella de vidrio ámbar esterilizada del tamaño adecuado (350 a 400 ml/12 a 14 onzas líquidas). Sellar la botella.

e) Etiqueta con todos los ingredientes y la fecha de inicio original. Comience tomando unas gotas cada día y aumente hasta 1 cucharadita 2 o 3 veces al día. Usar dentro de los 6 meses.

ALIMENTOS HERBARIOS

75. Pollo a las hierbas desmenuzado

Rinde: 2 porciones

Ingrediente

- 2 tazas pan rallado
- 1 cucharadita de sal
- 1 cucharadita de pimienta recién molida
- 2 cucharadas perejil seco
- 1 cucharadita de mejorana seca
- 1 cucharadita de tomillo seco
- 1 cucharadita de orégano seco
- 1 cucharadita de ajo en polvo
- 1 naranja; rebanado
- 4 mitades de pechuga de pollo deshuesadas y sin piel
- 2 huevos; batido O sustituto de huevo
- 2 cucharadas Mantequilla o margarina
- 2 cucharadas Aceite vegetal
- 1 taza Caldo de pollo o vino blanco
- 1 ramita de perejil fresco

Instrucciones:

a) Coloque el pan rallado, la sal, la pimienta, el perejil, la mejorana, el tomillo, el orégano y el ajo en polvo en un procesador de alimentos y muela bien. Sumerge las pechugas de pollo en el huevo batido y luego cúbrelas con pan rallado.

b) A fuego medio-alto, dora las pechugas de pollo por ambos lados en mantequilla y aceite. Baja el fuego, agrega caldo o vino y tapa. Cocine a fuego lento durante 20 a 30 minutos, dependiendo del grosor de las pechugas.

c) Adorne con rodajas de naranja y perejil.

76. Crema de pollo con hierbas

Rinde: 1 porción

Ingrediente

- 1 lata Crema De Pollo
- 1 lata Caldo De Pollo
- 1 lata de leche
- 1 lata de agua
- 2 tazas de mezcla para hornear Bisquick
- ¾ taza de leche

Instrucciones:

a) Vacíe las latas de sopa en una cacerola grande.

b) Agregue las latas de agua y leche. Mezclar hasta que quede suave. Calentar a fuego medio hasta que hierva

c) Mezcle Bisquick y la leche. La masa debe quedar espesa y pegajosa . Coloque la masa a cucharadas en la sopa hirviendo.

d) Cocine las albóndigas durante aprox. 8 a 10 minutos. descubierto

77. Pavo glaseado con albaricoque Dijon

Rinde: 6 porciones

Ingrediente

- 6 cubitos de caldo de pollo
- 1½ tazas de arroz blanco de grano largo crudo
- ½ taza de almendras fileteadas
- ½ taza de orejones picados
- 4 cebollas verdes con punta; rebanado
- ¼ taza de perejil fresco picado
- 1 cucharada de ralladura de naranja
- 1 cucharadita Romero seco; aplastado
- 1 cucharadita Hojas secas de tomillo
- 1 mitad de pechuga de pavo deshuesada (alrededor de 2 1/2 libras)
- 1 taza Mermelada de albaricoque o mermelada de naranja
- 2 cucharadas de mostaza Dijon

Instrucciones:

a) Para pilaf con hierbas, hierva el agua. Agrega el caldo . Retirar del fuego a un bol. Agrega todos los ingredientes restantes del pilaf excepto el pavo; mezclar bien. Coloque el pavo encima de la mezcla de arroz.

b) Tapar y hornear 45 minutos.

c) Retire el pavo del horno; Retire con cuidado el panadero con guantes para horno.

d) Revuelva el pilaf justo antes de servir y sirva con pavo y salsa.

78. Pollo y arroz sobre salsa de hierbas

Rinde: 4 porciones

Ingrediente

- ¾ taza de agua caliente
- ¼ taza de vino blanco
- 1 cucharadita de caldo granulado con sabor a pollo
- 4 (4 onzas) mitades de pechuga de pollo sin piel y deshuesadas
- ½ cucharadita de maicena
- 1 cucharada de agua
- 1 paquete de queso estilo Neufchatel con hierbas y especias
- 2 tazas de arroz de grano largo cocido caliente

Instrucciones:

a) Hierva el agua caliente, el vino y los gránulos de caldo en una sartén grande a fuego medio-alto. Reduzca el fuego y agregue el pollo, cocine a fuego lento durante 15 minutos; girando después de 8 minutos. Retire el pollo cuando esté listo, manténgalo caliente. Deje hervir el líquido de cocción y reduzca a ⅔ de taza.

b) Combine la maicena y el agua y agréguelos al líquido. Llevar a ebullición y cocinar durante 1 minuto, revolviendo constantemente. Agregue el queso crema y cocine hasta que esté bien mezclado, revolviendo constantemente con un batidor de varillas. Para servir:

c) Cubra el arroz con pollo, vierta la salsa sobre el pollo.

79. Pollo en crema y hierbas

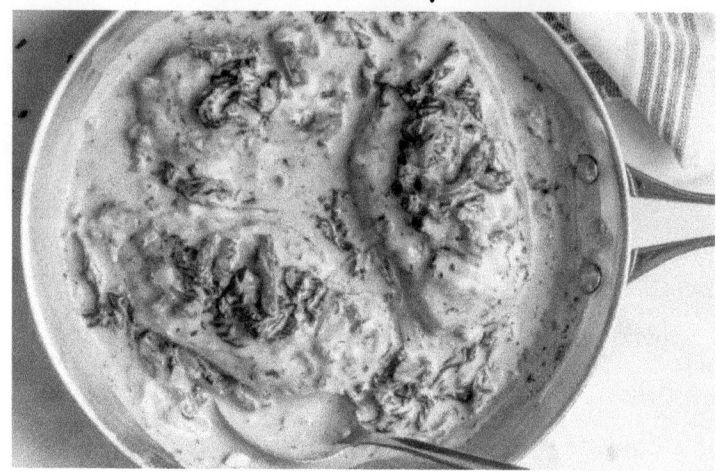

Rinde: 6 porciones

Ingrediente

- 6 muslos de pollo, sin piel y deshuesados
- Harina para todo uso sazonada con sal y pimienta
- 3 cucharadas de mantequilla
- 3 cucharadas de aceite de oliva
- ½ taza de vino blanco seco
- 1 cucharada de jugo de limón
- ½ taza de crema para batir
- ½ cucharadita de tomillo seco
- 2 cucharadas de perejil fresco picado
- 1 Limón, en rodajas (decorar)
- 1 cucharada de alcaparras, enjuagadas y escurridas (decorar)

Instrucciones:

a) En una sartén grande, caliente 1½ cucharadas de mantequilla y aceite. Agregue trozos de pollo que quepan sin que se amontonen. Cocinar

b) Agregue el vino y el jugo de limón a la sartén y cocine a fuego lento moderadamente alto, revolviendo para mezclar las partículas doradas. Hervir, reduciendo a aproximadamente la mitad.

c) Agrega la crema para batir, el tomillo y el perejil; hervir hasta que la salsa espese un poco. Vierta el jugo de la carne del plato caliente en la salsa.

d) Ajuste la salsa para sazonar al gusto. Vierta sobre la carne y decore con perejil, rodajas de limón y alcaparras.

80. Pollo madeira sobre galletas

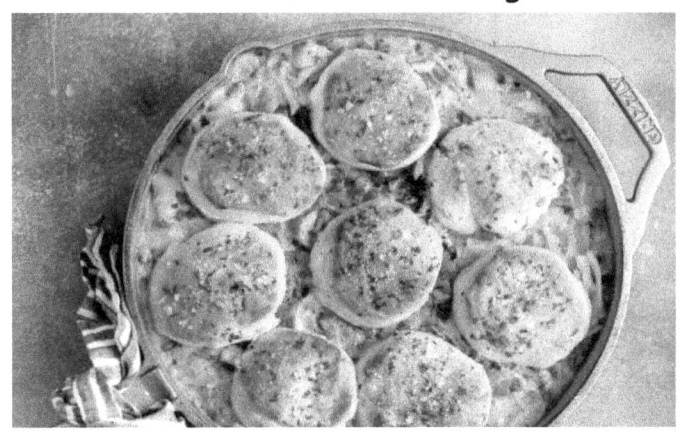

Rinde: 6 porciones

Ingrediente

- 1½ libras de pechuga de pollo
- 1 cucharada de aceite de cocina
- 2 dientes de ajo, picados
- 4½ tazas de champiñones frescos en cuartos
- ½ taza de cebolla picada
- 1 taza cCrea agria
- 2 cucharadas de harina para todo uso
- 1 taza de leche descremada
- ½ taza de caldo de pollo
- 2 cucharadas de Madeira o jerez seco

Instrucciones:

a) Cocine el pollo en aceite caliente a fuego medio-alto durante 4-5 minutos o hasta que ya no esté rosado. Agrega el ajo, los champiñones y la cebolla a la sartén. Cocine, descubierto, durante 4 a 5 minutos o hasta que el líquido se evapore.

b) En un tazón mezcle la crema agria, la harina, ½ cucharadita de sal y ¼ de cucharadita de pimienta. Agregue la mezcla de crema agria, la leche y el caldo a la sartén. Agrega el pollo y Madeira o jerez; calentar a través.

c) Sirva sobre galletas con hierbas.

81. Sopa De Pollo Con Hierbas

Rinde: 7 porciones

Ingrediente

- 1 taza de frijoles cannellini secos
- 1 cucharadita Aceite de oliva
- 2 puerros, recortados y lavados
- 2 zanahorias, peladas y cortadas en cubitos
- 10 mililitros de ajo, finamente picado
- 6 tomates pera
- 6 patatas nuevas
- 8 tazas de caldo de pollo casero
- $\frac{3}{4}$ taza de vino blanco seco
- 1 ramita de tomillo fresco
- 1 ramita de romero fresco
- 1 hoja de laurel

Instrucciones:

a) Enjuague los frijoles y recójalos, cúbralos con agua y déjelos en remojo durante 8 horas o toda la noche. En una olla grande, calienta el aceite a fuego medio-bajo. Agrega los puerros, las zanahorias y el ajo; cocine hasta que se ablanden, aproximadamente 5 minutos. Agregue los tomates y cocine por 5 minutos. Agrega las papas y cocina por 5 minutos.

b) Agrega el caldo de pollo, el vino y las hierbas; llevar a ebullición. Escurre los frijoles y agrégalos a la olla; cocine durante 2 horas o hasta que los frijoles estén suaves.

c) Retire las hojas de laurel y las ramitas de hierbas antes de servir.

82.   Pollo con vino y hierbas.

Rinde: 4 porciones

Ingrediente

- Pollo frito
- ½ cucharadita de orégano
- ½ cucharadita de albahaca
- 1 taza de vino blanco seco
- ½ cucharadita de sal de ajo
- ½ cucharadita de sal
- ¼ cucharadita de pimienta

Instrucciones:

a) Lave el pollo y córtelo. En una pequeña cantidad de aceite, dore los trozos de pollo por todos lados. Retire el exceso de aceite.

b) Agregue el vino y los condimentos y cocine a fuego lento durante 30 a 40 minutos o hasta que el pollo esté tierno.

83. Ravioles de hierbas

Ingrediente

- 2 láminas de pasta fresca de 8.5x11"
- 1¼ tazas queso ricota; libre de grasa
- ¾ de taza pan rallado italiano
- ¼ de taza Albahaca fresca y ¼ de taza Perejil fresco; picado
- ⅛ cucharadita de orégano y ⅛ nuez moscada
- Sal y pimienta negra
- Base de tomate escalfado
- 2 grandes Tomates; maduro
- 2 dientes de ajo; en rodajas finas
- 6 hojas de albahaca fresca

Instrucciones:

a) En un tazón grande, combine la ricota, el pan rallado, la albahaca, el perejil, el orégano, la nuez moscada, la sal y la pimienta negra.

b) Coloque las láminas de pasta sobre la superficie de trabajo y deje caer cuatro porciones iguales (aproximadamente ¼ de taza) de la mezcla de ricotta en los 4 cuadrantes de la mitad izquierda únicamente de cada lámina de pasta. Dobla la mitad derecha de la hoja de pasta sobre la otra mitad. Presione hacia abajo alrededor de cada montículo de queso para sellar.

c) Pon a hervir agua en una olla grande. Coloque los ravioles en agua y hierva durante 3 a 5 minutos . Lavar, quitar el corazón, pelar y picar los tomates. Dejar de lado. Saltee brevemente el ajo, agregue los tomates, la albahaca, el agua y la sal.

d) Cubra y cocine por 5 minutos . Vierta la mezcla de tomate en 4 platos para servir y cubra cada plato con dos raviolis.

84. Linguini con hierbas mixtas

Rinde: 1 porción

Ingrediente

- 4 zanahorias medianas
- 3 calabacines medianos
- 1 libra de linguini seco
- 1 taza de hojas frescas de perejil de hoja plana empaquetadas
- ½ taza de hojas de albahaca fresca envasadas
- 1 cucharada de hojas frescas de tomillo
- 1 cucharada de hojas frescas de romero
- 1 cucharada de hojas frescas de estragón
- ½ taza de parmesano recién rallado
- ⅓ taza de aceite de oliva
- ¼ de taza de nueces; dorado tostado
- 1 cucharada de vinagre balsámico

Instrucciones:

a) En una tetera de 6 cuartos, hierva 5 cuartos de agua con sal. Agregue los linguini y cocine durante 8 minutos o hasta que estén apenas tiernos. Agrega las zanahorias y cocina 1 minuto. Agrega el calabacín y cocina 1 minuto. Reserve ⅔ taza de agua de cocción y escurra la pasta y las verduras.

b) En un tazón grande, mezcle el pesto y el agua caliente reservada para cocinar. Agrega la pasta y las verduras y revuelve bien.

c) En un procesador de alimentos mezcle todos los ingredientes con sal y pimienta al gusto hasta que quede suave.

85. Farfalle con salsa de hierbas

Rinde: 1 porción

Ingrediente

- 2 dientes de ajo - picados
- 1 libra farfalle - cocido
- 2 tazas de ramitas de menta fresca
- ¾ de aceite de oliva virgen extra
- ½ taza de caldo de verduras
- 1½ cucharaditas de sal
- ½ cucharadita de pimienta fresca
- 1 cucharadas de jugo de limón
- ½ taza de nueces tostadas y picadas
- ½ taza de queso parmesano

Instrucciones:

a) En una licuadora o procesador de alimentos agrega las hierbas y el ajo y, mientras la máquina está en funcionamiento, rocía ½ aceite de oliva, el caldo de verduras y luego el resto del aceite. Agrega sal, pimienta y limón, licúa y prueba y ajusta la sazón.

b) Mezcle con la pasta cocida mientras aún esté caliente, agregue las nueces y el queso. Adorne con ramitas de hierbas frescas.

86. Fideos al huevo con ajo

Rinde: 4 porciones

Ingrediente

- ½ libra de fideos al huevo
- 4 dientes de ajo grandes
- 1½ tazas de hierbas mixtas
- 2 cucharadas de aceite de oliva virgen extra
- sal y pimienta

Instrucciones:

a) Cocine la pasta en una olla grande con agua hirviendo con sal hasta que esté tierna pero aún firme, de 7 a 9 minutos. Escurrir bien.

b) Mientras tanto, picar el ajo, picar las hierbas; tendrás aproximadamente 1 taza.

c) Combine el aceite de oliva y el ajo en una sartén grande. Cocine a fuego medio, revolviendo ocasionalmente, hasta que el ajo esté fragante pero no dorado, 2-3 minutos. Retire del fuego y agregue las hierbas picadas.

d) Agrega los fideos cocidos a la sartén y revuelve. Sazone con sal y pimienta al gusto y revuelva bien

87. Cappellini con espinacas y hierbas

Rinde: 6 porciones

Ingrediente

- 8 onzas de pasta cabello de ángel (cappelini)
- 10 onzas de espinacas congeladas
- 1 libra de espinacas frescas
- 1 cucharada de aceituna virgen
- 1 cebolla; picado
- 2 cucharadas de perejil fresco
- ½ cucharadita de hojas secas de albahaca
- ½ cucharadita de orégano de hojas secas
- ½ cucharadita de nuez moscada molida
- Sal y pimienta al gusto
- 2 cucharadas de queso parmesano rallado;

Instrucciones:

a) Hierva agua en una tetera grande y cocine la pasta hasta que esté al dente, 3 minutos. Escurrir en un colador; dejar de lado. Mientras tanto, coloque las espinacas congeladas en una rejilla para vaporera sobre agua hirviendo hasta que se ablanden un poco.

b) En una sartén antiadherente, caliente el aceite y saltee la cebolla hasta que se ablande. Coloque las espinacas, la cebolla, el perejil, la albahaca, el orégano, la nuez moscada, la sal y la pimienta en una licuadora de un procesador de alimentos equipado con una cuchilla de metal y procese hasta obtener un puré . Coloque la pasta en un tazón para servir, mezcle con salsa y espolvoree con queso parmesano.

88. Arroz a base de hierbas de Malasia

Ingrediente

- 400 gramos salmón fresco
- 2 cucharadas salsa de soja y 2 cucharadas Mirín
- 6 tazas Arroz jazmín cocido
- Hojas de lima kaffir
- ½ taza Tostado; coco rallado
- Cúrcuma/ galanga; pelado
- 3 cucharadas salsa de pescado

Vendaje

- 2 chiles rojos pequeños; sin semillas y picado
- ½ taza albahaca tailandesa
- ½ taza menta vietnamita
- 1 aguacate maduro; pelado
- 1 chile rojo; picado
- 2 dientes de ajo; picado
- ⅓ taza Zumo de lima

Instrucciones:

a) Mezclar la soja y el mirin y verter sobre el pescado y dejar marinar durante 30 minutos. Calienta una sartén o parrilla y luego cocina el pescado hasta que esté dorado .

b) Cortar en juliana la cúrcuma , la galanga, la guindilla y las hojas de lima kaffir y mezclar con el arroz cocido. Agrega el coco tostado, la albahaca y la menta y mezcla con la salsa de pescado. Dejar de lado.

c) Haga puré con todos los ingredientes del aderezo y luego incorpore el aderezo al arroz hasta que adquiera un color verde pálido. Desmenuzar el pescado cocido y añadirlo al arroz .

89.	Cabello de ángel con salmón ahumado

Rinde: 4 porciones

Ingrediente

- 8 onzas de pasta cabello de ángel; crudo
- 6 onzas de salmón ahumado; en rodajas finas
- 3 cucharadas de aceite de oliva
- 1 ajo grande; finamente picado
- 2¼ tazas Picado; tomates sin semillas
- ½ taza Vino blanco seco
- 3 cucharadas de alcaparras grandes escurridas
- 1½ cucharadita de eneldo de las Islas de las Especias
- 1½ cucharadita de albahaca dulce de las Islas de las Especias
- ½ taza de queso parmesano; recién rallado
- 2 tazas de tomates, vino

Instrucciones:

a) Prepare la pasta según las instrucciones del paquete.

b) Mientras tanto, corte el salmón, a lo largo de la fibra, en tiras de ½ pulgada de ancho; dejar de lado.

c) En una sartén grande, caliente el aceite a fuego medio-alto hasta que esté caliente; cocine y revuelva el ajo hasta que esté dorado.

d) Revuelva las alcaparras, el eneldo y la albahaca; cocine hasta que la mezcla esté caliente, revolviendo ocasionalmente.

e) En un tazón grande, combine la pasta y la mezcla de tomate; revuelva para combinar.

f) Agrega el salmón y el queso; revuelva ligeramente. Adorne con los tomates restantes y el perejil, si lo desea.

90. Bacalao con hierbas

Rinde: 4 porciones

Ingrediente

- 3 tazas de agua
- $\frac{1}{2}$ taza de apio en rodajas
- 1 paquete de caldo de pollo instantáneo
- $\frac{1}{2}$ Limón
- 2 cucharadas de hojuelas de cebolla deshidratada
- 1 cucharadita de perejil fresco, picado
- $\frac{1}{2}$ cada hoja de laurel
- $\frac{1}{8}$ cucharadita de clavo molido
- $\frac{1}{8}$ cucharadita de tomillo
- 4 cada uno filetes de bacalao deshuesados y sin piel
- 2 medianos Tomates, cortados por la mitad
- 2 medianos Pimientos verdes, sin semillas y cortados por la mitad

Instrucciones:

a) En una sartén de 12 pulgadas, combine el agua, el apio, la mezcla de caldo, el limón, las hojuelas de cebolla, el perejil, la hoja de laurel, los clavos y el tomillo. Llevar a ebullición y luego reducir el fuego a fuego lento. Añade el pescado y escalfa de 5 a 7 minutos. Agregue las mitades de tomate y pimiento verde y termine de cocinar hasta que el pescado se desmenuce fácilmente. Retire el pescado y las verduras y manténgalos calientes.

b) Cocine el líquido hasta que se reduzca a la mitad. Retire el limón y la hoja de laurel. Coloque el líquido y la mitad de los tomates y pimientos cocidos en una licuadora. Haga puré hasta que quede suave

c) Vierta sobre el pescado y los tomates y pimientos restantes.

91. Salmón escalfado frío

Rinde: 1 porción

Ingrediente

- 6 sin piel; (6 onzas) de filetes de salmón
- Sal y pimienta blanca
- 3 tazas de caldo de pescado o jugo de almejas
- 1 manojo de orégano
- 1 manojo de albahaca
- 1 manojo de perejil
- 1 manojo de tomillo
- 6 tomates; pelado, sin semillas y cortado en cubitos
- ½ taza de aceite de oliva virgen extra
- 1½ cucharadita de sal
- ½ cucharadita de pimienta negra recién molida

Instrucciones:

a) Sazone todo el salmón con sal y pimienta.

b) Hierva el caldo o el jugo en una sartén grande apta para horno. Agregue el pescado, de modo que apenas se toquen, y deje que el líquido vuelva a hervir. Transfiera al horno y hornee durante 5 minutos mientras voltea el pescado.

c) Para hacer el aderezo, retire los tallos y pique finamente todas las hierbas. Mezcla todos los ingredientes en un tazón pequeño y reserva en el refrigerador.

92. Filetes de eneldo

Rinde: 4 porciones

Ingrediente

- 2 libras de filete de pargo rojo
- ¾ cucharadita de sal
- ½ cucharadita de pimienta molida
- ½ taza de aceite de oliva
- 1½ cucharadas de perejil picado
- 1 cucharada de chalotes picados, especias
- 1 x Hunter liofilizado o fresco
- 1 pizca de orégano
- ¼ de taza de jugo de limón recién exprimido

Instrucciones:

a) Coloque el pescado en una fuente para hornear poco profunda, engrasada y de una sola capa. Espolvoree con aceite, perejil, chalotes, eneldo y orégano. Hornee en un horno precalentado a 350 grados F hasta que la carne apenas se separe cuando se prueba con un tenedor (de 15 a 20 minutos). Rocíe dos veces con el jugo de la sartén mientras hornea. Retire el pescado a una fuente para servir.

b) Licue el jugo de limón con la grasa de la sartén y luego viértalo sobre el pescado.

93. Pescado crujiente al horno y hierbas

Rinde: 4 porciones

Ingrediente

- 4 cada uno Filetes de pescado blanco
- 1 cucharada de agua
- $\frac{1}{8}$ cucharadita de pimienta con limón
- 1 cucharadita de margarina baja en grasa, derretida
- 1 cada uno Clara de huevo
- $\frac{1}{2}$ taza de migas de copos de maíz
- 2 cucharaditas de perejil fresco picado

Instrucciones:

a) Precalienta el horno a 400F. Rocíe ligeramente un molde para hornear poco profundo de tamaño mediano con spray vegetal. Enjuague el pescado y séquelo.

b) En un bol pequeño batir la clara de huevo con un poco de agua. Sumerja el pescado en clara de huevo y luego enróllelo en migajas. Coloca el pescado en una fuente para hornear. Espolvoree con limón, pimienta y perejil, luego rocíe margarina por encima.

c) Hornee sin tapar durante 20 minutos o hasta que el pescado se desmenuce fácilmente.

94. Fetuccini con camarones

Rinde: 2 porciones

Ingrediente

- 1 paquete de mezcla de sopa cremosa de hierbas Lipton
- 8 onzas de camarones
- 6 onzas de fettuccini, cocidos
- 1¾ taza de leche
- ½ taza de guisantes
- ¼ de taza de parmesano rallado

Instrucciones:

a) Mezcle la mezcla para sopa con la leche y lleve a ebullición. Agregue los camarones y los guisantes y cocine a fuego lento durante 3 minutos hasta que los camarones estén tiernos.

b) Mezcle con fideos calientes y queso.

95.   mejillones al ajillo

Rinde: 1 porción

Ingrediente

- 1 kilogramo de mejillones vivos frescos
- 2 chalotes o 1 cebolla pequeña
- 200 mililitros de vino blanco seco
- 1 hoja de laurel
- 1 ramita de perejil
- 125 gramos Mantequilla
- 1 cucharada de perejil picado; hasta 2
- 2 dientes de ajo; aplastado
- Pimienta negra recién molida
- 2 cucharadas de pan rallado blanco fresco para terminar
- 250 gramos Sal marina para presentación

Instrucciones:

a) Picar la cebolla y colocarla en una cacerola de buen tamaño con el vino, el laurel, el tomillo y el perejil y llevarlos a fuego lento. Añade los mejillones comprobando que estén cerrados y descarta los que estén abiertos.

b) Tapa la cacerola y cocina a fuego lento durante 5 o 6 minutos o hasta que los mejillones estén abiertos.

c) Batir la mantequilla y mezclar bien con el perejil y el ajo con un poco de pimienta negra. Coloque 1/2 cucharadita sobre cada mejillón, agregue un poco de pan rallado y colóquelo debajo de una parrilla caliente durante 2-3 minutos.

Servir los mejillones calientes sobre un lecho de sal marina.

96. Pescado caribeño con vino

Rinde: 1 porción

Ingrediente

- 1 taza de arroz o cuscús (cocido)
- 4 hojas de papel pergamino, papel de aluminio.
- 2 calabacines pequeños
- 1 chile poblano
- Pasillo -- en tiras finas
- 1 libra de pescado blanco firme y deshuesado
- 4 medianos tomates
- 10 aceitunas negras
- 1 cucharadita Cada albahaca fresca picada
- Tomillo - estragón
- Perejil y cebolla verde
- 1 huevo

Instrucciones:

a) ¡Coloque en una bandeja para hornear y cocine por 12 minutos o hasta que el pescado esté cocido! Coloque ½ taza de arroz cocido en el medio.

b) Cubra cada porción con ½ taza de tiras de calabacín, un trozo de pescado, ¼ de taza de tomate cortado en cubitos y 3 tiras finas de chile.

c) Espolvoree una cuarta parte de las aceitunas picadas en cada porción y cubra con ¼ de cada una de las hierbas frescas.

d) Combina toda la salsa Ingredientes y puré . Vierta en una cacerola pequeña y deje hervir a fuego medio. Cepa

97.   Rape con hierbas al ajillo

Rinde: 4 porciones

Ingrediente

- 700 gramos Colas de rape fileteadas
- 85 gramos Manteca
- 2 dientes de ajo - machacados
- Huevo (batido)
- Jugo de un limón
- 1 cucharadita de hierbas finamente picadas
- harina sazonada

Instrucciones:

a) Ablande la mantequilla y agregue las hierbas y el ajo. Enfriar. -- Haga un corte en cada filete de rape y envuélvalo con la mantequilla de hierbas fría. Doblar para encerrar la mantequilla. Pasa cada pieza por harina sazonada, sumérgela en huevo batido y reboza en pan rallado. Presione firmemente las migajas sobre el pescado.

b) Coloca el pescado en una fuente untada con mantequilla. Rocíe un poco de mantequilla o aceite derretido y jugo de limón encima. Cocine durante 30-35 minutos a 375F/190C.

c) Sirva de inmediato.

98.　　　Chuletas de cerdo con hierbas

Rinde: 4 porciones

Ingrediente

- 1 huevo
- ⅓ taza de pan rallado seco
- ¼ taza de albahaca fresca, picada
- 2 cucharadas de orégano fresco, picado
- 1 cucharada de parmesano, recién rallado
- 1 cucharadita de tomillo fresco, picado
- ½ cucharadita de pimienta
- ¼ cucharadita de sal
- 1 libra de chuletas de cerdo fritas
- 2 cucharadas de aceite vegetal

Instrucciones:

a) En un plato llano, bata ligeramente los huevos. En un plato poco profundo aparte, mezcle el pan rallado, la albahaca, el orégano, el parmesano, el tomillo, la pimienta y la sal. Sumerja la carne de cerdo en el huevo para cubrirla bien; presione en la mezcla de pan rallado, volteando para cubrir todo.

b) En una sartén grande, calienta la mitad del aceite. A fuego medio; cocine la carne de cerdo, en tandas y agregue el aceite restante si es necesario, volteándola una vez, durante 8 a 10 minutos o hasta que quede un toque rosado en el interior. Sirva con papas rojas nuevas y frijoles amarillos.

99.   Salchicha de hierbas del monasterio

Rinde: 1 porción

Ingrediente

- 400 gramos carne magra de cerdo
- 400 gramos de carne magra
- 200 gramos de tocino verde o graso de cerdo
- Panceta de cerdo sin piel
- 20 gramos Sal
- 2 cucharaditas de pimienta blanca finamente molida
- 1 cucharadita de tomillo
- 1 cucharadita de mejorana
- 5 piezas de pimiento
- 1 Pieza finamente molida
- Canela

Instrucciones:

a) Picar la carne de cerdo, la ternera y la grasa mediante un disco de 8 mm. Mezcle las hierbas y especias, espolvoree sobre la masa de carne y mezcle todo a mano durante 5 a 10 minutos.

b) Coloque el embudo en la batidora y llene las tripas de cerdo. Gire hasta obtener el largo elegido.

100. Filete de cordero con hierbas

Rinde: 4 porciones

Ingrediente

- 450 gramos Filete de cuello de cordero
- 1 cucharadita tomillo seco
- 1 cucharadita romero seco
- 2 dientes de ajo, en rodajas finas
- 2 cucharadas de aceite de oliva
- Sal y pimienta negra recién molida

Instrucciones:

a) Corte cada trozo de cordero por la mitad en forma transversal, luego córtelo a lo largo, no del todo, y ábralo como un libro. Para cocinar de forma segura en una barbacoa, cada pieza no debe tener más de 2 cm/¾ de pulgada de grosor. Si queda más espesa, batir ligeramente con un rodillo entre 2 trozos de film transparente.

b) Combine todos los ingredientes restantes en un bol y agregue el cordero. Mezclar bien, luego tapar y dejar en el frigorífico hasta 48 horas, volteando de vez en cuando.

c) Coloque la carne en la parrilla y cocine durante 4-5 minutos por cada lado.

d) Asegúrate de que esté bien cocido. Unte ligeramente con la marinada durante la cocción.

CONCLUSIÓN

Tanto los chefs como los cocineros caseros utilizan hierbas frescas y secas para preparar platos dulces y salados, desde ricas salsas hasta ensaladas ligeras y productos horneados con hierbas. Además de sus usos culinarios, desde la Edad Media se ha confiado en las hierbas medicinales y sus valiosos aceites esenciales por sus beneficios para la salud, que van desde beneficios antiinflamatorios y antivirales hasta poderes tópicos para aclarar la piel.

Conviértase en un mejor cocinero casero a base de hierbas con los platos destacados en este libro.